AF253966

LETTRE

A

MM. LES PRINCES D'ORLÉANS

L'AVENIR DE LA FRANCE

LETTRE

A

MM. LES PRINCES D'ORLÉANS

PAR

ÉVARISTE PIMPETERRE

PARIS

E. DENTU, ÉDITEUR

Palais-Royal. — Galerie d'Orléans, 17 et 19.

1872

AVANT-PROPOS

Cette lettre à Messieurs les princes d'Orléans
n'est pas une œuvre de flatterie adressée à des
princes dont tout nous annonce le grand rôle
prochain.

Il y a déjà près de deux ans, en plein empire,
l'auteur, résumant l'histoire du Paraguay et les
succès du Brésil contre le dictateur Lopez, ne
craignait pas de prédire à la famille d'Orléans
son retour prochain et nécessaire.

Les seules dynasties qui tombent réellement

sont celles dont les membres méconnaissent leur mission.

Or, loin de les rabaisser, l'exil a montré tout ce qu'étaient les princes d'Orléans, sous le rapport de la loyauté et du patriotisme.

Le comte d'Eu venait à peine de s'illustrer en terminant la guerre du Paraguay que son cousin, le duc de Chartres, sous le nom de son valeureux ancêtre, Robert Le Fort, se distinguait dans l'armée du général Chanzy.

Une pépinière de vrais hommes d'Etat et de vrais hommes de guerre surgit dans cette famille prédestinée, suivant nous, à relever la France de ses ruines. Rien ne forçait les princes à revenir en France, ils pouvaient attendre que tous les orages fussent dissipés. Ils n'ont pas hésité à affronter les haines des partis pour partager les périls qui peuvent encore fondre sur la France.

L'auteur a pensé que, puisque des ennemis obstinés prenaient contre eux l'offensive et déchaînaient la calomnie, qui, heureusement, ne peut les atteindre, leurs plus humbles partisans et leurs admirateurs avaient le droit de manifester aussi leurs sentiments.

Si chacun disait ainsi sa pensée, on eviterait bien des malentendus. L'auteur de cette lettre a cru devoir donner l'exemple de la franchise, et il croit profondément que si chacun consultait son cœur et sa raison, c'est aux princes d'Orléans que l'on remettrait le soin de relever, avec l'appui de la nation, les destinées de notre malheureuse France. Il ne doute pas que leur patriotisme ne leur fit un devoir d'accepter la mission qui leur serait confiée.

E P.

L'AVENIR DE LA FRANCE

LETTRE

A

MM. LES PRINCES D'ORLÉANS

Messieurs,

Lorsque vous êtes rentrés en France offrant au pays vos glorieuses et loyales épées, un grand nombre de Français ont tressailli d'espérance et je suis de ce nombre.

Il leur semblait que tous nos maux allaient finir, puisque dans le torrent des partis, au milieu de l'obscurité des choses et de l'antagonisme des hommes, surgissait enfin un terrain solide sur lequel pouvaient se rallier toutes les opinions honnêtes.

Une grande, une terrible expérience venait d'être faite, à la fois contre le despotisme d'un seul et contre les entraînements du nombre. L'Empire n'avait pas su défendre cette France dont il s'était emparé, et la République avait été impuissante à vaincre l'Etranger ; à peine avait-elle pu se vaincre elle-même en mettant un terme aux excès de la Commune.

Ces espérances, que votre retour parmi nous avaient fait naître, je crois sincèrement qu'il vous suffirait de vouloir pour leur donner une réalité.

La France, l'histoire nous l'apprend, aime à être dirigée. Jamais elle ne choisit spontanément ses chefs. Il faut que ceux-ci lui disent avec autorité de les suivre dans la voie du salut.

Voyez quelle est la situation :

Notre seule protection est dans une Assemblée dont les ambitions demandent déjà le remplacement par une autre, dans une présidence qui est à la merci de cette Assemblée, et dont le titulaire, malgré son mérite et son patriotisme incontestables, peut être, à tout moment, brisé par un vote contraire à celui qui l'a élevé.

Ce serait donc de votre part faire œuvre de patriotique prévoyance que d'élever une bannière à laquelle on pût se rallier en cas de troubles nouveaux et d'agitations nouvelles. Vous pouvez être, à un moment donné, le rempart social, et c'est ce qui m'a enhardi, moi, inconnu, à vous dire ce que j'entends dire partout autour de moi.

Ne redoutez pas le bruit des partis. Les partis en France sont sans courage contre les forts. Ils n'écrasent que les faibles. Le jour où, par votre attitude, vous leur montrerez qui vous êtes, ils vous suivront au lieu de vous attaquer par le dénigrement et de vous combattre par la calomnie.

Celui qui ose vous tenir ce langage est un inconnu, et c'est à cause de cela qu'il représente mieux la pensée publique.

Les inconnus seuls n'ont à ménager aucune coterie.

D'ailleurs, si je suis obscur, je ne suis pas tout à fait un nouveau venu, j'observe, et tout me dit que si vous le voulez bien, l'avenir est à vous. Il vous arrivera tout seul, pour ainsi dire, quoi qu'en écrivent vos ennemis actuels, naguère vos amis.

En effet, les journaux et les journalistes sont bien changeants, et les hommes d'opposition aussi.

Sous l'Empire, quoique Français, vous étiez exilés.

Plusieurs d'entre vous demandent à la Chambre des députés l'abrogation des lois d'exil.

Toute la presse, excepté celle qui soutenait imperturbablement l'ordre des choses impériales, fut pour vous. C'était à qui chanterait vos louanges.

Je me souviens encore de la séance dans laquelle M. Estancelin porta pour vous la parole. Dans la tribune des journalistes, dans celle des diplomates, les plus impassibles étaient émus ; et, le lendemain, quand, courant au compte rendu, je voulus retracer les impressions de la veille, je les retrouvais, pour ainsi dire aussi vives et palpitantes.

Par la plume de leurs rédacteurs principaux, les journaux les plus avancés demandaient l'abrogation des lois d'exil. Je me souviens surtout de l'article du *Siècle*, aujourd'hui en d'autres mains. C'était une véritable *idylle* pleine de sensibilité sur les douleurs de l'exil. Le signataire déplorait poétiquement la fatale condition des Princes pour lesquels on fait des lois d'Etat, et qui, innocents, les condamne tous à un exil éternel.

Les autres journaux de l'opposition allaient

plus loin encore. Pas un ne prenait le parti de
M. Grévy, le seul orateur de l'opposition par
lequel l'abrogation des lois d'exil fut alors com-
battue.

Deux ans se sont passés depuis la demande de M. Estancelin, et les lois d'exil ont été abrogées. Vous êtes rentrés, Messieurs, dans votre patrie; vous l'aviez quittée grande, tenant une place considérable en Europe; vous la retrouvez diminuée, presque partagée, en proie à la guerre civile. Pauvre France! Et, au lieu de voir en vous des exilés qui reviennent pour prendre leur part du péril, voici que les mêmes journaux, sinon les mêmes hommes, changent de langage. Je dis les journaux et non les hommes, à dessein, car le personnel des feuilles républicaines a beaucoup changé depuis la République. Les anciens journalistes n'ont plus la parole. Ils ont été remplacés par des inconnus qui, pour se faire distinguer, attaquent et injurient tout.

Cependant, si ceux qui cherchent aujourd'hui à contrarier l'opinion, voulaient bien réfléchir, ils verraient que la rentrée des Princes que l'Empire avait exilés, est le plus heureux événement et le commencement d'une ère nouvelle. Je n'aurai aucune peine à le prouver.

Je ne suis pas un ennemi de la forme répu-
blicaine, mais jusqu'ici elle n'a pas réussi chez
nous. La République de 1793, malgré la gloire
de nos armes, a laissé des souvenirs de sang ;
la République de 1848 n'a pas eu encore assez
de génie pour se conserver un an ; la République de 1870 aurait peut-être pu se maintenir
si elle eût chassé les Allemands au lieu d'avoir
à combattre les horreurs de la Commune. Mais
elle n'a rien fait jusqu'ici pour être populaire.
D'ailleurs, et c'est là peut-être où se trouve la
plus grande erreur des républicains de bonne
foi, on ne peut être seul de son espèce en ce
monde.

Autrefois, on pouvait nourrir des espérances
superbes et croire que la République enfantait
des miracles. Elle en avait fait une fois. Mais
depuis elle n'a eu que des défaites intérieures
ou extérieures. L'Allemagne nous a vaincus
nous a imposé la perte de deux provinces et

un tribut de cinq milliards. Or, les républiques ne se fondent que par les victoires, quand elles se fondent. Il n'y a donc pas lieu de croire que celle de 1871 s'impose jamais à l'Europe. Elle restera isolée, en suspicion, assaillie d'ennemis avoués et non avoués. Elle n'aura pas d'alliés. Les peuples ne sont pas venus à elle et n'y viendront pas, car elle ne pourrait leur donner aucune force, n'ayant pas de prestige. Elle restera seule de son espèce, par conséquent inféconde; elle peut s'écrouler au premier vent.

Pour que la France se relève, vive, et reprenne sa place, M. Thiers, aujourd'hui président de la République, l'a dit lui-même, il faut qu'elle se fasse des alliances. La République ne lui en donnera pas. Elle la laissera isolée, soupçonnée, entourée d'embûches; et je ne m'étonne pas si M. de Bismark flatte M. Thiers. Il sait bien, l'homme habile, que quelques années d'isolement et de divisions nous livreraient forcément à une seconde invasion.

Au contraire, imaginons, par exemple, que la France soit assurée de la stabilité de son gouvernement, ne fût-ce que pour une période déterminée, sous la direction constitutionnelle ou sous la présidence d'une famille placée historiquement comme la vôtre, tout change aussitôt. Les alliances se présentent d'elles-mêmes. Du premier coup, nous voyons se serrer autour

de nous la Belgique, l'Angleterre qui nous aurait peut-être aidés dans la guerre, si nous ne
nous étions pas mis en République, et tous les
États grands et petits qui ont à redouter, soit
les conquêtes de la Prusse, soit les entraînements démagogiques.

Faisons mieux : imaginons que le gouvernement de Louis-Philippe n'ait pas été jeté bas
par une révolution ignorante des vrais intérêts
de la France.

L'empire allemand aurait-il pu se fonder ?

Non ! par les mariages espagnols, l'influence
du duc de Montpensier aurait été toute puis-
sante en Espagne, et jamais il n'aurait été
question de chercher un roi pour la péninsule,
dans les dynasties étrangères ; et la cause de
la guerre de 1870 ne se serait pas présentée.

Nous aurions protégé l'Italie, puisque nous
sommes allés à Ancône en 1831, mais nous
n'aurions pas manœuvré de façon à donner
vingt-six millions d'Italiens comme alliés à
la Prusse.

La Belgique n'aurait pas redouté cette der-
nière, étant sûre que la France ne voulait pas
s'étendre de nouveau jusqu'à Anvers.

Le Portugal, qui devait à Louis-Philippe son existence, nous serait plus que resté fidèle. Il nous aurait offert certainement l'appui de sa petite armée et de sa flotte.

Les folies de la politique qui consiste à créer de grands empires sous le nom spécieux de nationalités, n'auraient pas eu lieu. Par conséquent, la Prusse n'aurait pas été amenée à enrôler l'Allemagne tout entière sous le drapeau de son unité.

Je suis persuadé qu'avec sa politique tranquille mais sûre, Louis-Philippe aurait assis pour des siècles la position de la France.

Vous pouvez faire ce qu'une catastrophe, appelée révolution, l'a empêché de faire. Si la France se rallie à vous, il est évident que vous lui donnez aussitôt comme alliés : l'Amérique du Nord qui détestait l'Empire à cause du Mexique, et l'Amérique du Sud, dont le Brésil est aujourd'hui la tête.

L'Espagne ;

Une partie de l'Italie ;

Le Portugal ;

Et en général toutes les royautés et toutes les dynasties qui redoutent les excès des sociétés internationales ou d'autres du même genre, et la Commune, et les systèmes qui ont pour but des bouleversements sociaux.

Le mot de Lafayette est resté vrai. La meilleure des républiques est une monarchie constitutionnelle qui nous donne la paix, la concorde, le travail, et, avec ces trois choses, la grandeur.

VI

Le rôle du roi Louis-Philippe, venant à quelques années de nos grands désastres militaires et même celui de ses devanciers, Louis XVIII et Charles X, prouvent la force de la monarchie.

En une période très courte, abîmés que nous étions, nous refaisons notre grandeur. Nous délivrons la Grèce, nous fondons la liberté de la Belgique, nous nous établissons en Afrique, et nous aidons la dynastie de Portugal à se rasseoir sur son trône. Il s'est trouvé des insensés qui ont parlé de l'abaissement de la France sous la monarchie constitutionnelle. Jamais elle ne fut plus réellement grande et plus forte. Personne n'eût osé l'attaquer. Elle n'était pas en suspicion, comme sous l'Empire, pour son esprit de conquête. Quand elle parlait, on l'écoutait. Depuis 1815 jusqu'en 1848, et surtout, depuis juillet 1830 jusqu'en février

1848, elle n'eut pas une seule défaite. Elle marchait de succès en succès, entre la prise d'Anvers et la victoire de l'Isly.

Quand la monarchie constitutionnelle tomba pour avoir trop voulu rester dans la constitution, en maintenant un ministère qui avait malheureusement pour lui la majorité législative, elle laissa une armée exercée et formidable ; c'est cette armée qui sauva la France de l'insurrection de juin 1848, et qui, tant qu'elle eut à sa tête des généraux d'Afrique, nous mena à la victoire. La première génération d'Afrique épuisée, nous éprouvions les revers encore glorieux du Mexique, puis les désastres de 1870.

VII

On parle aujourd'hui d'économies parce que
l'on a à payer, rien que pour l'intérêt de la
dette, un milliard annuel. Le budget du règne
de Louis-Philippe, malgré une dette déjà grosse
en 1830, ne dépassa que de peu de chose les
seuls intérêts de la dette actuelle; avec ses
douze et treize cents millions, il suffit à tout ou
à presque tout. Les fortifications de Paris fu-
rent faites. Le roi avait bien prévu l'avenir de
la France. Un homme d'un grand esprit a
écrit un livre qu'il a appelé : RIEN ! pour ré-
pondre à une parole calomnieuse trop célèbre.
Il a montré que ce : RIEN ! reproché au règne
de votre père, avait été la vraie solidité, la
vraie prospérité.

On parle aujourd'hui d'instruction gratuite
et obligatoire. Sous le règne de Louis-Philippe,

on la rendit possible dans l'avenir en fondant plus de dix mille écoles.

Vraiment, plus on étudie cette époque où tout le monde n'était que trop heureux, et plus on se prend à en désirer le retour dans ce qu'elle a eu d'utile et de vraiment français.

Ce retour, Princes, faites-le nous espérer par votre programme, par votre attitude. A chaque instant, les institutions nouvelles, encore non consacrées par une constitution, peuvent être ébranlées.

Les incorrigibles des partis extrêmes peuvent vouloir une revanche. Il suffit de lire leurs écrits pour être persuadés de leurs desseins. Qu'au moins dans les orages futurs, nous ayons une étoile, un point de ralliement. Vous n'êtes pas seulement un principe, vous vous appelez légion. L'avenir est à vous si vous le voulez, et, en le voulant, vous nous arrêtez sur la pente de l'abîme. Il ne nous faut plus de drapeaux qui nous divisent, mais des intérêts réels qui nous unissent devant l'Europe, et autour desquels nous puissions au besoin lutter contre nos ennemis.

Vous nous apporterez non-seulement vos cœurs et vos courages, mais les alliances qui, aujourd'hui, ne veulent pas de nous, parce que nous ne représentons, aux yeux du monde épouvanté, que la discorde, les révolutions et la ruine.

Évariste Pimpeterre.

Paris. — Imprimerie Kugelmann, 13, rue du Helder.

www.ingramcontent.com/pod-product-compliance
Lightning Source LLC
Chambersburg PA
CBHW051405060726
47596CB00005B/2085